AF296531

7

LK 1171.

4662

EXTRAIT

DU MÉMORIAL BORDELAIS,

Du 26 mars 1845.

L'accueil bienveillant que vous faites à toutes les réclamations qui vous sont adressées dans l'intérêt général, et dans celui de Bordeaux en particulier, le concours efficace que vous ne cessez de prêter à la propagation des idées utiles, m'encouragent à vous prier de donner place dans vos colonnes à quelques observations qui me sont suggérées par la marche que l'administration voudrait faire adopter au conseil municipal, dans le vote des modifications à apporter au règlement et au tarif qui régit la perception de l'octroi de la ville de Bordeaux.

Voilà plus de sept ans que ces modifications, réclamées depuis longtemps par le commerce et l'industrie, sont soumises aux méditations de MM. les conseillers municipaux. Voilà plus de sept ans que cette population toujours si paisible attend enfin qu'un soulagement soit apporté à ses souffrances. Après de longs et pénibles travaux, après de pénibles et sérieuses études, la commission chargée d'aplanir au conseil les difficultés que présentait cette grave affaire, après bien des incidents, a enfin fait connaître son avis par l'organe de l'honorable M. Troplong.

Permettez, Monsieur le rédacteur, que je rappelle un des principes de la matière, respecté par l'honorable M. Troplong, et que voudrait fouler aux pieds M. le préposé en chef de l'octroi, qui, à l'aide d'une confusion, voudrait maintenir l'arbitraire que l'on reproche au règlement et au tarif actuels.

Dans la perception du droit d'octroi, il y a deux choses bien distinctes: le *règlement* et le *tarif*.

Le règlement fixe le mode et les formalités nécessaires à la garantie de la perception.

Le tarif fixe la quotité du droit.

Pour le règlement, les pouvoirs des conseils municipaux sont restreints par l'ordonnance royale du 9 décembre 1814, et par le titre 2 de la loi du 28 avril 1816, et les conseils municipaux n'ont une entière latitude que quant à la fixation des limites, lorsqu'elles ne s'étendent pas au-delà du territoire de la commune.

La moindre infraction aux principes posés par l'ordonnance et par la loi serait certainement réprimée par le conseil d'Etat, ainsi qu'il l'a fait pour les villes de Limoges et de La Rochelle.

1845

Pour le tarif, si l'on en excepte les boissons imposées au profit du trésor, tout est laissé à l'arbitraire du conseil municipal, soit sous le rapport des objets à imposer, lorsqu'ils sont destinés à la consommation locale, soit quant à la quotité du droit.

Ainsi, gardons-nous bien de confondre le règlement et le tarif; et ce n'est qu'en restant à cet égard dans les limites déterminées par la loi, que la grave question qui nous occupe recevra une solution prompte et équitable.

Le rapport a abordé franchement toutes les difficultés de la question, les a exposées, discutées avec cette lucidité, cette clarté, cette méthode et cette force de raisonnements qui distinguent les écrits de l'honorable M. Troplong.

Ce travail, remarquable à tant de titres, est pour ainsi dire délaissé, pour y substituer un nouveau projet dû à la plume élégante et facile de M. le préposé en chef; mais, malheureusement, ce nouveau travail sent par trop la fiscalité.

Toutes les grandes questions du règlement sont renvoyées, par M. le préposé en chef, à la discussion du tarif, espérant qu'en groupant des chiffres, il enlèvera plus facilement au conseil municipal les concessions qu'il convoite.

. C'est ainsi que la discussion sur l'art. 34 du projet de la commission est renvoyée à la question du tarif. Le principe de la taxe à percevoir sur le bétail n'est pas encore fixé, parce qu'il faudrait rédiger cet article suivant que le droit serait établi au poids ou par tête.

Cette fixation est donc une question de règlement qui doit être décidée quant au mode de perception par le règlement, sauf à laisser au tarif la fixation de la quotité du droit.

S'agit-il de désigner les objets pour lesquels la faculté d'entrepôt sera accordée? c'est encore une question de tarif, et à ce sujet voilà comment s'exprime M. le préposé en chef, page 38 de son projet : « *Nous croyons* » que la désignation des objets pour lesquels la faculté d'entrepôt fictif doit » être accordée est une question de tarif. Nous réserverons donc les ob- » servations que nous avons à soumettre pour chaque objet à la discussion » du tarif, car la question est complexe, et dépend surtout du chiffre de » la taxe proposée. »

A l'appui de cette opinion, voici la raison que l'on prête à M. le préposé en chef: La faculté d'entrepôt devra être accordée ou refusée suivant que la quotité de l'impôt sera plus ou moins élevée. Par exemple, si le droit sur un objet quelconque est diminué de moitié, la faculté d'entrepôt serait inutile, d'abord parce que l'exercice des entrepôts est très-dispendieux à l'administration, et qu'en second lieu, personne ne voudrait, pour une somme modique, se soumettre aux tracasseries, aux vexations, aux inquisitions inséparables de l'exercice.

Quant à la première objection, je n'ai pas à m'en occuper; c'est à l'administration à prendre les moyens qui lui paraîtront les plus propres à éviter cet inconvénient, et dans le second cas, que M. le préposé en chef laisse chacun libre de veiller à la conservation de son repos, de sa tranquillité ou de sa fortune.

L'entrepôt n'est pas, comme on semblerait le dire, l'exception, et la taxe la règle; par cette interprétation on intervertit les rôles.

L'entrepôt est la règle, et la taxe l'exception; ce principe découle naturellement de l'art. 148 de la loi du 28 avril 1816, qui veut que *les objets destinés à la consommation locale soient exclusivement imposés.*

Comprend-on une pareille idée?

Parce que vous taxez un objet à un droit minime, il faut qu'il paie un droit qu'il ne doit pas.

Supposons une barrique de vin expédiée à Bordeaux pour Strasbourg; s'il convenait à chaque commune que devrait trayerser cette barrique de mettre une imposition de 10 c., — 10 centimes! ce n'est rien, — tout le monde paiera cette modique taxe sans réclamation. Toute modique que serait cette imposition, elle augmenterait la valeur vénale de l'objet qui y serait soumis.

Dans cette circonstance, que ferait le commerce, que feraient les propriétaires de vignes? Ils réclameraient, ils pétitionneraient pour faire abolir cette taxe injuste et illégale.

Bordeaux est désert, son commerce est anéanti; acceptez les changements indiqués par M. le préposé en chef, et Bordeaux alors *pourrait reprendre le rang dont Lyon et Marseille l'on fait déchoir.* (Page 10 du nouveau projet.)

Mais comment est-il possible que Bordeaux ne soit pas désert, lorsque l'on fait tout ce qu'il est possible de faire pour chasser le commerce de transit, lorsque aucune denrée ne peut toucher le sol de Borderux sans être soumise à un droit arbitraire et illégal?

On s'étonne que les négociants transportent leurs entrepôts et leurs magasins dans les communes limitrophes. Cette conduite est naturelle, elle est simple, et s'explique facilement. Est-ce qu'il n'est pas dans la nature de l'homme de fuir les vexations et de se soustraire à l'impôt, lorsque surtout, comme dans le cas actuel, il est arbitraire et illégal?

La loi le veut, la raison le veut, la faculté d'entrepôt doit être accordée pour tous les objets qui peuvent être destinés à alimenter le commerce extérieur; et sous l'empire de la loi qui nous régit, nulle commune en France n'a le droit d'ôter la faculté de l'entrepôt pour les objets qui ne sont pas destinés à la consommation des habitants du lieu sujet, et le chiffre de la taxe ne doit en aucune manière influer sur la désignation des objets qui devraient jouir de la faculté d'entrepôt.

Pour agir d'une manière rationnelle, et aussi pour tranquilliser le commerce, il est urgent que le conseil municipal vote les articles du règlement selon l'ordre des numéros; cette marche aurait l'avantage de faciliter aux intéressés les moyens de faire entendre leurs réclamations en temps opportun, et d'éclairer le conseil municipal sur les besoins du commerce et de l'industrie.

— 4 —

Du 7 avril.

Le sujet que je vais traiter est un des plus importants dans l'importante question des octrois; sa solution, je ne crains pas de le dire, est intimement liée à la prospérité de la ville et à l'intérêt de la perception de l'octroi de Bordeaux.

La restriction de l'entrepôt fictif ou à domicile proposée par M. le préposé en chef est un mauvais système, il porterait un tort considérable à la perception, qui diminuerait d'autant plus que l'émigration qu'il provoquerait serait d'autant plus considérable.

Voyez La Bastide, Bègles et toutes les communes banlieues qui fondent leur prospérité future sur le système prohibitif des entrepôts que l'on voudrait introduire dans le règlement; on cherche à effrayer par les abus, les désordres que les entrepôts peuvent amener dans la perception, que l'on s'est borné à signaler sans les indiquer (pag. 36 et 37 du nouveau projet); on a même parlé des formalités excessivement gênantes sans lesquelles l'entrepôt fictif ne peut être accordé.

Que l'on se rassure : avec l'adoption d'un système large d'entrepôt, les recettes augmenteront du droit sur la consommation que font les industriels et ouvriers employés dans les ateliers, chantiers et magasins qui n'iront plus se réfugier dans les communes banlieues pour échapper aux serres aiguës du fisc. Les recettes augmenteront de la consommation que feront les habitants des contrées voisines lorsqu'ils viendront s'approvisionner à Bordeaux, si on n'en chasse pas le commerce pour l'extérieur par des mesures que rien ne justifie.

Les loyers, loin de diminuer, augmenteront de valeur; le commerce pour l'extérieur et le transit resteront de préférence à Bordeaux, lorsqu'ils ne seront plus frappés d'un droit prohibitif et illégal qui vient en aide à la concurrence faite par les marchands des communes banlieues.

On n'a pas craint de dire que *l'entrepôt réel* était la règle, et *l'entrepôt fictif ou à domicile* l'exception.

Autant d'erreurs que de mots : la *règle générale* c'est l'entrepôt fictif, et l'entrepôt réel *l'exception.*

Quelle est la ville qui oserait faire une application générale de la loi du 28 juin 1833, invoquée par les adversaires? Cette loi dispose, art. 9 : « A » compter du 1er janvier 1834, et lorsque les conseils municipaux en auront fait la demande, les entrepôts à domicile, *pour les boissons,* seront » supprimés dans les communes sujettes aux droits d'entrée ou d'octroi, » lorsqu'un entrepôt public y aura été régulièrement établi. »

Le droit d'exclure les *boissons* de la faculté de jouir de l'entrepôt fictif est accordé aux conseils municipaux, mais *pour les boissons seulement,* et à la condition qu'*un entrepôt public y aura été régulièrement établi.*

L'entrepôt réel actuel satisfait à tous les besoins du commerce; mais si on voulait la suppression des entrepôts fictifs, tout serait à faire, car l'entrepôt actuel n'est pas établi dans les conditions voulue par la loi.

Je cherche vainement le motif qui a fait jeter ce moyen dans la discussion, car on n'oserait sérieusement demander l'exécution rigoureuse de la loi invoquée.

Un entrepôt public à Bordeaux avec toutes ses conséquences est impossible ; il chasserait tout le commerce de Bordeaux et rendrait désert le faubourg des Chartrons.

Je le répète, ce n'est pas sérieusement que l'on a dit que « la faculté de » mettre une marchandise en entrepôt réel doit être *étendue* autant que » possible, tandis que la faculté d'entrepôt fictif doit être au contraire » *extrémement restreinte.* »

Dans l'intérêt bien entendu de la ville de Bordeaux, soit sous le rapport de son commerce ou de la perception du droit, on doit laisser liberté pleine, entière et sans limitation pour la mise en entrepôt réel de toute espèce de marchandise ; là, pas d'abus possible, pas de fraude à craindre, la marchandise étant constamment sous la main et sous la clé des agents de la perception.

Quant à l'entrepôt fictif, on adopte une fausse marche : au lieu d'agir par *admission*, on devrait agir par *exclusion*. Ainsi, au lieu de dire : Telle ou telle marchandise pourra jouir de la faculté d'entrepôt, — on dirait : Telle ou telle marchandise est exclue de la faculté d'entrepôt fictif.

La loi, il est vrai, se sert du mot *accorder l'entrepôt;* mais, selon moi, il est plus facile d'agir par *exclusion* que par *admission*, alors, pour ne pas froisser les principes, il faudrait accorder l'entrepôt pour presque tous les objets portés au tarif, car il n'y en a qu'un seul, la *bière*, qui soit exclusivement destinée à la consommation, sans pouvoir être l'objet d'un commerce extérieur.

Ces premières réflexions m'amènent naturellement à examiner 1° le droit que la loi a réservé aux conseils municipaux, pour la désignation des objets qui pourront jouir de la faculté d'entrepôt ; 2° l'intérêt qu'aurait la ville de Bordeaux à l'admission du système le plus large possible de la faculté d'entrepôt pour les marchandises pouvant avoir une destination extérieure.

Ainsi qu'on a semblé le dire, les conseils municipaux n'ont pas le droit d'exclure arbitrairement, et selon leur bon plaisir, tel ou tel objet soumis au droit d'octroi de la faculté d'entrepôt ; la loi et les instructions ont limité l'exercice de ce droit aux *marchandises qui, dans aucun cas, ne peuvent faire l'objet d'un commerce d'exportation.*

L'article 41 de l'ordonnance royale du 9 décembre **1815**, qui donne la définition de l'entrepôt et limite les pouvoirs des conseils municipaux, est ainsi conçu : « L'entrepôt est la faculté donnée à un propriétaire ou à un » commerçant de recevoir ou d'emmagasiner, dans un lieu sujet à l'oc- » troi, sans acquittement de droit, *des marchandises qui y sont assujetties* » *et auxquelles il réserve une destination extérieure.* »

« L'entrepôt peut être réel ou fictif, c'est-à-dire à domicile ; il est tou- » jours illimité. Les règlements locaux doivent déterminer les objets pour » lesquels l'entrepôt est accordé, ainsi que les quantités au-dessous des- » quelles on ne peut l'obtenir. »

La définition est simple : l'entrepôt est la faculté accordée à une marchandise assujettie au droit de séjourner dans un lieu sujet sans acquitter les droits, lorsqu'elle est destinée à alimenter le commerce extérieur; pas d'équivoque possible; dès qu'un objet n'est pas exclusivement destiné à la consommation du lieu sujet, qu'il peut être l'objet d'un commerce extérieur, on ne peut le priver de la faculté d'entrepôt. Il est des circonstances où forcément une marchandise est obligée de séjourner dans le lieu sujet, et si elle ne peut jouir de l'entrepôt, il faut alors acquitter un droit illégal, puisqu'elle ne doit pas être consommée dans le lieu sujet, et que la *consommation locale doit seule être imposée.* (Art. 148, loi du 28 avril 1816.)

La deuxième partie de cet article ne fait aucune distinction entre l'entrepôt réel et l'entrepôt fictif; pas un mot de plus pour l'un que pour l'autre, pas une restriction qui ne leur soit commmune; enfin, ils sont placés sur la même ligne. Pour achever de démontrer que l'entrepôt fictif est la règle et l'entrepôt réel l'exception, c'est qu'il n'y pas une ville en France qui ait supprimé l'entrepôt fictif pour tous les objets soumis aux droits d'octroi, et qu'un petit nombre de villes ont seules usé du bénéfice de la loi du mois de juin 1833, et établi des *entrepôts réels pour les boissons seulement.*

L'entrepôt réel est la règle; mais la possibilité d'exécuter cette mesure? où trouver un local suffisant pour recevoir en entrepôt toutes les marchandises soumises au droit d'octroi? Nulle part; et dès-lors on présenterait comme la règle une mesure impossible et que pas une ville n'a encore songé à 'mettre à exécution, tandis qu'il n'y a pas une seule ville en France où l'entrepôt fictif ne soit généralement autorisé.

Des doutes s'étant élevés sur la manière dont devait être interprété le deuxième paragraphe de l'article 41, voici en quels termes cette question a été soumise et résolue le 19 novembre 1817 par le conseil d'administration de la régie :

« Comment doit-on interpréter le deuxième paragraphe de l'article 41
» de l'ordonnance du 9 décembre 1814, qui attribue anx conseils munici-
» paux la faculté de déterminer les objets pour lesquels l'entrepôt est ac-
» cordé ?

» Peut-on concilier cette faculté avec le principe général et constitutif
» des octrois, qui veut que la loi atteigne uniquement les matières desti-
» nées à la consommation locale ?

» La faculté laissée aux conseils municipaux de déterminer dans les rè-
» glements d'octroi quels objets seront admis en entrepôt, NE LEUR CON-
» FÈRE PAS LE DROIT D'EXCLURE *de l'entrepôt un objet de consommation qui*
» *peut habituellement recevoir une destination extérieure*, mais seulement
» celui de déclarer quelles sont, parmi les matières imposées, celles qui,
» dans le lieu sujet, sont ordinairement l'objet d'un commerce d'exporta-
» tion. L'examen du règlement de la part de la régie, sur ce point, doit
» tendre à ce qu'aucune marchandise susceptible d'être admise en entre-
» pôt ne soit omise. »

(*Mémorial du contentieux,* etc., vol. 10, p. 381.)

La circulaire du 1er juin 1833, adressée par M. le directeur-général à

MM. les préfets, en envoyant les modèles de règlement qu'il avait fait rédiger, s'exprime ainsi :

« On connaîtra d'une manière précise les formes générales du passe-
» debout, du transit et de l'entrepôt, règle qui, toutefois, laisse aux con-
» seils municipaux à déterminer les dispositions purement locales, et n'em-
» pêche pàs les conseils de fixer, pour l'entrepôt, la nature et la quan-
» tité des objets qui peuvent y être adressés, en se conformant au principe
» général, qui est, que *l'entrepôt ne peut être refusé pour* AUCUNE *des ma-*
» *tières* SUSCEPTIBLES D'EXPORTATION. »

La loi, les décisions de l'administration, les instructions de M. le directeur-général , sont d'accord pour que tous les objets qui ne sont pas destinés à être consommés dans le lieu sujet, soient admis à jouir de la faculté d'entrepôt ; mais encore la jurisprudence est constante sur ce point.

Le règlement de perception de l'octroi de la ville de Cahors ne désignait pas nominativement les bouteilles comme devant jouir de la faculté d'entrepôt. Le sieur Lecourt, fabricant établi dans le rayon de l'octroi, demanda et obtint de M. le maire que les produits de sa fabrication fussent admis en entrepôt.

Sur les réclamations des fermiers, cette décision fut confirmée par M. le préfet et par M. le ministre ; le conseil d'Etat, appelé à prononcer sur cette demande, a maintenu la décision, attaquée par les motifs suivants :
« Considérant que les arrêtés du maire et du préfet , en décidant que le
» sieur Lecourt serait admis à conserver dans son magasin, à titre d'en-
» trepôt, les bouteilles fabriquées dans sa verrerie........., ont fait une
» juste application de l'art. 148 de la loi du 28 avril 1816, portant que les
» droits ne seront imposés que *sur les objets destinés à la consommation*
» *locale.* » (Ordonnance royale, du 15 août 1834.)

Il demeure donc démontré, par tous les documents que je viens de citer, que toutes les marchandises susceptibles d'être l'objet d'un commerce d'exportation doivent jouir de la faculté d'entrepôt. Je n'ajouterai donc aucunes réflexions ; celles que je ferai ne pourraient qu'affaiblir l'autorité des citations que j'ai faites.

Je vais brièvement examiner l'intérêt qu'aurait la ville de Bordeaux à ce que l'entrepôt fut accordé pour le plus grand nombre d'objets possibles. Sous ce point de vue, M. le rapporteur a rendu ma tâche facile. Je copie le rapport, page 39 :

« Votre commission, messieurs , pense qu'il importe aux intérêts de la
» ville d'étendre la liste des objets à admettre en entrepôt fictif.

» D'abord, le commerce est intéressé à avoir sous la main les marchan-
» dises qui font l'objet de son négoce, soit pour la faculté de la vérifica-
» tion par l'acheteur, soit pour que la livraison s'effectue avec plus de
» promptitude, soit pour veiller plus aisément à sa conservation. Or, mes-
» sieurs, c'est une des règles que nous avons rappelées en commençant,
» que, dans la rédaction des règlements d'octroi, il faut s'appliquer à mé-
» nager les intérêts industriels et commerciaux.

» Ensuite, messieurs, il est évident que l'intérêt même de la ville est

» d'étendre la faculté d'entrepôt. — Si le négociant est forcé de choisir
» entre le paiement intégral du droit , au moment de l'entrée des mar-
» chandises dont il n'est pas sûr d'opérer la vente, et l'emmagasinage de
» ces marchandises hors de l'enceinte de l'octroi, à La Bastide, par exem-
» ple, il optera le plus souvent pour ce dernier parti ; et alors, non-seu-
» seulement il y aura gêne et augmentation de frais pour le commerc,
» mais encore les magasins resteront vides, et la population décroîtra ; de
» sorte que l'intérêt public et l'intérêt privé seront, en même temps ,
» blessés. »

M. le rapporteur a indiqué la cause de la décadence du commerce de
Bordeaux ; le remède est entre les mains du conseil municipal : espérons
qu'il en fera usage en décidant que la *bière seule sera exclue de la faculté
d'entrepôt.*

Du 10 avril.

Avant de me livrer à l'examen de la deuxième question relative aux en
trepôts , énoncée dans ma précédente lettre, je dois faire justice de la pro-
position que M. le préposé en chef exprime en ces termes :

« Nous croyons que la désignation des objets pour lesquels la faculté
» d'entrepôt fictif doit être accordée est une question de tarif. Nous réser-
» verons donc les observations que nous avons à soumettre pour chaque
» objet à la discussion du tarif, car la question est complexe et dépend
» surtout du chiffre proposé. »

La quotité du droit, ainsi que je l'ai démontré dans ma précédente lettre, ne peut avoir aucune influence sur l'admission ou la non-admission
de certains objets en entrepôt fictif ; et à ce sujet, la seule question à dé-
cider est celle-ci : « Telle ou telle marchandise *peut-elle être* l'objet d'un
commerce extérieur? » Et il suffit de cette *possibilité* pour que l'admission
en entrepôt fictif doive être accordée.

Que l'on ne s'abuse pas à cet égard : je connais certains industriels de
Bordeaux qui, par respect pour ce principe, que le droit d'octroi ne doit
atteindre que *les objets destinés à la consommation locale,* porteront, s'il le
faut, leurs réclamations au conseil d'Etat.

Il n'y a pas de petites charges, il n'y a pas de petites sommes ; cinq centimes payés chaque jour forment une dépense de 18 fr. 65 c. au bout de
l'année.

Je le répète, la quotité du droit ne peut avoir aucune analogie avec le
principe, et, quelque minime que soit l'impôt, il n'en sera pas moins une
illégalité , je dis plus, une odieuse injustice, s'il frappe un *objet qui ne doit
pas être consommé dans le lieu sujet.*

Le moment serait mal choisi pour restreindre la faculté de l'entrepôt fictif ou à domicile. La douane, la fiscale douane, ainsi que le commerce l'ap-
pelle, vient d'accorder cette faveur à dix espèces de marchandises à qui
elle l'avait refusée jusqu'à ce jour.

Je dois enfin rappeler les réclamations malheureusement trop fondées des propriétaires vinicoles, dont les étreintes de fer du tarif des douanes, et le vaste réseau que les contributions indirectes promènent sur toute la France tiennent le vin enchaîné au pied de la vigne qui l'a produit. Ne doit-on pas craindre que le gouvernement ne réponde à toutes ces plaintes : *Des entraves, des impôts !* mais il n'y en a pas assez, puisque vous trouvez encore à glaner dans le champ de la fiscalité, après que les plus fiscales administrations ont moissonné.

Je reviens au sujet que je dois traiter.

J'ai démontré dans ma précédente lettre…,….. je me trompe, la loi, la jurisprudence, les instructions que j'ai citées ont démontré que la faculté d'entrepôt fictif ne pouvait être refusé pour *les objets* POUVANT *avoir une destination extérieure.*

J'admets, pour un instant, que ces limites n'aient pas été posées par la loi ; au moins l'entrepôt réel serait accordé pour toute espèce de marchandises, car la perception ne pourrait rien perdre à cette mesure, le négociant qui met ses marchandises en entrepôt réel ne pouvant avoir d'autres commis, d'autres employés que ceux que l'administration lui octroie ; là, les marchandises sont constamment et toujours sous les yeux, sous la main et sous la clé des agents du fisc. S'il y a une fraude possible, elle ne peut être exercée que par les agents de l'administration.

Je ne connais pas d'emplacement en ville qui pût servir à un entrepôt réel, les boissons même exceptées. Que l'on se figure réunis dans un même local les magasins de bois de MM. Haug et Danflou, les ateliers de préparation de prunes de MM. Fau et Comp., où j'ai compté jusqu'à **180** ouvriers, et une demi-douzaine de fours à plâtre ; on aura encore une idée incomplète de ce que doit être un entrepôt réel exclusif de l'entrepôt fictif ou à domicile.

La question légale est impassible ; impossible de la faire ployer selon son gré ou son caprice ; elle n'*admet de perception que sur les objets destinés à la consommation locale ;* elle accorde l'entrepôt pour *tous les objets pouvant recevoir une destination extérieure.*

Quant à l'entrepôt réel, la pratique fait justice de toutes les théories ; il est *impossible* à Bordeaux surtout.

Je vais maintenant démontrer que quand bien même le sens de la loi ne serait pas aussi clair, aussi absolu et aussi impératif, dans l'intérêt de la ville de Bordeaux, envisagé sous le rapport commercial, industriel, et de la perception de l'octroi, l'entrepôt fictif à domicile devrait être admis, protégé. Les bois, le plâtre, les prunes vont nous fournir des arguments qui porteront, je l'espère, la conviction dans tous les esprits.

Avant que les bois qu'a apportés le navire de Riga ou de Stettin, soient placés sur l'établi, sous la varlope du menuisier, que de frais, que d'hommes y trouveront leur existence ! Le gabarier les transporte à quai ; si ce sont des bois de petite dimension, les portefaix les placent sur les charrettes qui doivent les transporter dans les magasins ; là, d'autres hommes sont employés à les empiler en attendant la vente ; vendus, il faut descendre les bois des piles, les placer sur les charrettes qui doivent les transporter chez les ouvriers qui les emploient, soit dans le rayon, soit hors du rayon de l'octroi.

Ainsi, gabariers, portefaix en grand nombre, bouviers, charretiers, trouvent dans ce commerce à gagner honorablement leur existence. Les hommes et les animaux consomment, et la nourriture des uns et des autres est soumise aux taxes de l'octroi.

Autrefois Bordeaux avait le privilège exclusif du commerce des bois pour l'extérieur ; aujourd'hui, La Bastide lui fait une cruelle concurrence ; la persistance de l'administration à se maintenir dans la fausse voie où elle était entrée, a engagé des marchands de bois du Nord à établir des entrepôts à La Bastide : MM. Haug, Bourgès, Lenoir, Fourtau aîné, Long, Valette, Villechenoux, etc., etc. Quelques-uns ont conservé des magasins dans Bordeaux, mais la plupart les ont supprimés.

La douane, la fiscale douane, admet les bois du Nord en entrepôt fictif ; le négociant peut les réexpédier pour l'étranger, il n'a aucun droit de douane à payer. Vous éviterez le droit de douane, mais vous n'éviterez pas le droit *d'octroi municipal et de bienfaisance*, et cependant ces bois qui alimentent votre commerce maritime, qui fournissent un fret à vos navires qui doivent les transporter dans les pays lointains, ne *seront pas consommés dans le lieu sujet*.

J'ai lu, j'ai vu, et ma raison se refuse encore à comprendre une pareille anomalie.

Le plâtre, qui n'alimente que la marine marchande nationale, est frappé d'un droit qui dépasse 30 p. 100 de sa valeur, et ce droit est dû quel que soit le lieu où il doit être consommé ; aussi les fabricants de plâtre suivent l'exemple que leur ont donné les marchands de bois du nord. M. Dubos vient d'établir à La Bastide de vastes magasins et un four pour cuire le plâtre, seul moyen d'éviter le paiement du droit pour les objet qui *ne seront pas consommés dans le lieu sujet*.

Le commerce des prunes échappera, lui aussi, à la ville de Bordeaux si on n'y prend garde ; les milliers de femmes et d'enfants que fait vivre cette industrie émigreront avec lui, le papetier, le litographe, le marchand de verre, le ferblantier, le portefaix, le vannier, le menuisier, le cartonnier, etc., etc., iront chercher des lieux plus hospitaliers, ils suivront les industries qui les font vivre.

Tous ces ouvriers, tous ces industriels consomment, et les objets qu'ils consomment paient des droits, le papier, le verre, le bois, le ferblanc, etc., employés à la confection ou à la préparation de ces objets paient des droits qu'ils ne paieront plus.

La consommation diminuera, et avec elle les recettes, par conséquent, diminueront.

C'est alors, si on persiste dans la fausse voie où l'on est entré, que les magasins de Bordeaux seront vides, les maisons inoccupées, les rues et les cales désertes ; les affaires qui animaient cette grande cité, le commerce qui faisait vivre son industrieuse population, aura fui pour se retirer sur des plages où il trouvera une protection plus efficace.

Ouvrez les yeux, voyez à vos portes une ville, une grande ville couvrir un marais fangeux où, il y a quelques années, on voyait à peine quelques rares douaniers obligés, pour communiquer entre eux, de sauter d'une pierre sur l'autre, ou de passer sur le tronc d'un arbre renversé.

La plaine des Queyries se couvre de vastes magasins; à peine une nouvelle rue est-elle tracée, qu'il s'y élève comme par enchantement d'élégants bâtiments.

Ces faits parlent haut; espérons que cet utile enseignement sera entendu.

Je terminerai cette lettre par la phrase qui terminait la précédente :

J'ai indiqué, après M. le rapporteur de la commission de l'octroi, *la cause de la décadence du commerce de la ville de Bordeaux; le remède est entre les mains du conseil municipal : espérons qu'il en fera usage, en décidant* que la bière seule sera exclue de la faculté d'entrepôt fictif.

———

Du 16 avril.

Je vais me livrer à l'examen des dispositions du règlement relatives à l'entrepôt fictif ou à domicile.

Je le disais dans une précédente lettre, le commerce fuit l'impôt qui le frappe ; il fuit aussi les vexations, les formalités toujours coûteuses, car il faut du temps pour les remplir, et, chacun le sait, le temps c'est de l'argent. Il faut donc, tout en maintenant les formalités nécessaires à la perception de l'impôt, en écarter toutes celles dont elle ne peut retirer aucun profit, car, comme le disait l'honorable chevalier Bruys de Charli, député, lors de la discussion de la loi de 1814 sur les boissons : « L'auto-» rité qui agit trop immédiatement *détruit et ne conserve pas* ; si elle doit » surveiller, ce doit être, pour ainsi dire, à l'insu de celui qu'elle observe: » *l'exercice a le besoin de punir et de persécuter.* » (Séance du 8 novembre 1814. *Moniteur*, page 1261.)

Les observations de M. le préposé en chef sur le premier paragraphe de l'article 61 justifient l'opinion que j'ai émise, d'agir par exclusion au lieu d'agir par admission pour la désignation des objets qui pourront jouir de la faculté d'entrepôt fictif. Ainsi, d'après ce fonctionnaire, *la morue, le poisson sec ou salé, les prunes sèches,* devraient être retranchés de la nomenclature des articles à admettre en entrepôt, parce que, dit-il, ils ne doivent pas être imposés. On le voit, en agissant par admission on préjuge la question du tarif, tandis qu'en agissant par exclusion la question du tarif reste entièrement réservée.

M. le préposé en chef voudrait que les suifs fondus et le coke fussent exclus de la faculté d'entrepôt, l'un parce qu'il n'est pas l'objet d'un commerce de transit assez étendu, et que d'ailleurs la faculté d'entrepôt fictif est incompatible avec la perception du droit sur le bétail, à cause de la substitution qui pourrait être faite des suifs préparés avec les suifs produits par la boucherie, ou *vice versâ* ; et l'autre parce qu'on n'en reçoit pas de l'étranger, et que ce n'est point un article de transit.

La perception ne peut rien perdre à la substitution d'un suif à l'autre ; d'abord, parce que l'on ne mettra pas en entrepôt des suifs provenant du bétail abattu en ville , puisque ce serait l'assujettir à payer de nouveau un droit qui est assez lourd, sans que l'on consente volontairement à le payer une seconde fois.

L'entrepôt réel ne pourra être refusé aux fabricants de chandelle ; autrement ce serait assujettir aux droits d'octroi les chandelles exportées, soit aux colonies, soit ailleurs, ce qui nuirait essentiellement à cette industrie qui ne pourrait plus soutenir la concurrence avec les fondeurs des communes banlieues. Je comprends que, dans ce cas, il pourrait y avoir substitution, mais l'intérêt de la perception ne pourrait jamais être compromis, car on ne ferait que rembourser le droit qu'aurait à acquitter un objet qui ne doit pas être consommé dans le lieu sujet.

On ne reçoit pas de coke de l'extérieur , cela est vrai, mais les usines de Bordeaux fournissent ce combustible à l'extérieur , soit pour usines des communes banlieues (la fonderie des matières d'or et d'argent de La Bastide, par exemple), soit pour la consommation des familles : l'entrepôt ne peut donc être refusé. (Voir à ce sujet la note insérée par Dareste au bas de la page 438 du code des octrois.)

Le deuxième paragraphe de l'article 61 du projet me paraît inutile. D'abord , la distinction pour l'admission en entrepôt des vins naturels d'avec ceux qui ne le sont pas n'existe pas dans la loi , les contributions indirectes ne pourraient les refuser pour le droit d'entrée ; ainsi , aux termes de l'article 150 de la loi de 1816, cette distinction est illégale. Je cherche vainement le motif qui a pu faire exiger le versement d'une quantité suffisante de vinaigre pour le rendre entièrement impotable. Que ce liquide soit consommé comme boisson ou comme vinaigre , le droit d'octroi est le même. Cette mesure serait donc prise dans l'intérêt particulier du trésor ? Oh ! déchargez-vous de ce soin sur le zèle et l'intelligence des employés de la paternelle administration des contributions indirectes ; ils sauront y pourvoir. Et si ce liquide est dangereux et nuisible à la santé comme boisson , il le sera également consommé comme vinaigre ; dans tous les cas , ce ne serait pas au règlement, mais bien aux arrêtés de police à réprimer ces contraventions

M. le préposé en chef , dans ses observations sur ce paragraphe, qui, selon moi, doit être supprimé, s'exprime ainsi :

« Le règlement actuel de notre perception contient trois dispositions » pour prévenir les fraudes auxquelles peuvent donner lieu les entrepôts » fictifs :

» 1° De justifier que l'on fait le commerce d'exportation et que l'on paie » la patente de 1re classe ;

» 2° Incompatibilité de la faculté d'entrepôt avec la profession de débi- » tant ;

» 3° Restriction de l'établissement des entrepôts à certains quartiers de » la ville.

» Je ne puis proposer le maintien de la première de ces dispositions ; elle
» me paraît exorbitante en ce qu'elle établit une prohibition contre les pe-
» tits commerçants. — Quant aux deux autres, je les crois utiles et par-
» faitement légales en présence de la loi du 28 juin 1833, qui permet aux
» conseils municipaux de demander la suppression totale des entrepôts de
» la ville. » (Voyez du reste sur cette question la loi de 1816 annotée par
Saillet et Olibo , page 44.)

J'aime beaucoup les citations, et c'est pour cela que je vais compléter
celle de M. le préposé en chef, en copiant ici l'annotation de MM. Saillet et
Olibo sur l'art. 32 de la loi de 1816, page 44 :

« L'art. 9 de la loi du 28 juin 1833, qui autorise la suppression des en-
» trepôts à domicile dans les communes sujettes aux droits d'entrée et
» d'octroi, lorsqu'un entrepôt public y est établi, ne s'applique *qu'aux*
» *négociants faisant le commerce des boissons destinées à être livrées comme*
» *telles à la consommation, et nullement aux bouilleurs et distillateurs, rela-*
» *tivement aux vins qu'ils destinent à être convertis en eaux-de-vie et es-*
» *prits.* » (Arrêt du 9 octobre 1835.)

Et pour voir le texte de cet arrêt, on le trouvera au *Mémorial du con-*
tentieux de la régie , vol. 14 , page 268.

Je le demande à tout esprit impartial, existe-t-il le moindre rapport entre l'*incompatibilité* et la *restriction* demandée , et la citation faite de l'avis
de MM. Saillet et Olibo?

Oui , on pourra supprimer les entrepôts à domicile pour les boissons ,
lorsqu'un entrepôt réel sera légalement établi ; mais celui que possède la
ville de Bordeaux ne remplit pas les conditions exigées par la loi, et il n'est
entrepôt réel que de nom.

L'incompatibilité que l'on voudrait introduire dans le règlement est inutile , elle est prévue par la loi ; il arrive néanmoins que dans certains cas
l'administration des contributions indirectes autorise des débitants à jouir
de la faculté d'entrepôt, mais alors elle y met des conditions pour garantir
l'intérêt de la perception ; et dans ce cas, si cette administration accordait
l'entrepôt à un débitant , il faudrait bien que l'administration de l'octroi y
consentît.

La restriction de l'établissement des entrepôts à certains quartiers de la
ville , n'existe ni dans la loi ni dans les instructions de l'administration.
Une pareille mesure serait la confiscation de l'entrepôt fictif qui ne serait
plus à domicile, en faveur d'un entrepôt réel d'une nouvelle forme non
prévue par loi, et le commerce aurait tous les inconvénients de l'entrepôt
réel sans jouir du peu d'avantages qu'il présente.

A Dieu ne plaise que je veuille élever le moindre doute sur les bonnes
intentions de M. le maire et de M. le préposé en chef ; mais ce règlement
ne sera pas fait pour un jour , il durera aussi long-temps que les besoins
de la perception et du commerce n'en demanderont pas la modification ;
mais quant aux hommes, *les destins et les flots sont changeants, et,* oubliant
la verge de fer qui pendant plusieurs années a pesé sur la commune et les
habitants de la ville de Bordeaux, ne pourrait-on pas encore un jour doter
la population bordelaise d'une *régie intéressée?*

Aucune stabilité durable ni dans les hommes, ni dans les choses; ce qu'un maire, un préposé en chef aura fait, sera détruit par le maire ou le préposé en chef qui lui succédera : sous telle administration , tel quartier sera déshérité de l'établissement des entrepôts; sous une autre, pour rétablir l'équilibre et par système de compensation , on retirera le privilège aux quartiers qui le possèdent pour le transporter à ceux qui auraient été frustrés.

On ne se fait pas une idée des réclamations, des difficultés que causerait l'adoption du nouveau projet. Il donnerait un pouvoir immense à l'administration , qui rendrait la valeur des propriétés foncières aussi mobile que les flots de la mer.

La loi du 28 juin 1833 invoquée autorise les conseils municipaux à voter la suppression des entrepôts à domicile pour les boissons, lorsqu'il existera dans la commune un entrepôt public. Mais , je le répète , il n'existe pas d'entrepôt public à Bordeaux. De ce que la loi autorise la suppression des entrepôts fictifs dans les cas qu'elle prévoit, il ne s'ensuit pas de là que les conseils municipaux aient le droit de laisser à l'administration la faculté de reléguer les entrepôts dans les quartiers qu'il lui plaira de désigner.

Et, je n'hésite pas à le dire, l'administration municipale, mieux inspirée que M. le préposé en chef, repoussera de toutes ses forces le présent funeste qu'il voudrait lui faire.

L'article 62 du projet de règlement accorde à M. le maire et à M. le préposé supérieur qui sera désigné à cet effet la faculté d'accorder les admissions en entrepôts ; il est bien entendu que ce droit n'existe que pour les objets qui ne sont pas soumis à l'impôt indirect.

Les 2e , 3e et 4e paragraphes de l'article 63 doivent être supprimés , 1o parce que la contravention commise par un assujetti ne peut , dans aucun cas, le priver de la faculté d'entrepôt. Les règlements d'octroi, aux termes de l'article 150 de la loi du 28 avril 1816, et de l'article 99 de l'ordonnance royale du 9 décembre 1814, ne peuvent contenir aucune disposition contraire à celles des lois et règlements relatifs aux différents droits imposés au profit du trésor. (Voir Dareste, vol. 1er, *Code du droit d'entrée*, pag. 315.)

2o Que la loi et la jurisprudence ont réglé ce que l'on doit entendre par porte de communication , et qu'il ne peut appartenir aux conseils municipaux de réglementer de nouveau ce qui est déjà réglementé par la loi. (Voyez. *Manuel de Girard*, nos 65 et 66; *arrêt de la cour de cassation du 18 mars 1843 ; annales 1843-1844* , page 236.

L'art. 64 doit être rejeté, les exercices étant faits chez les entrepositaires exclusivement par les employés des contributions indirectes, aux termes de l'art. 91 de l'ordonnance royale du 9 décembre , ainsi conçu : « Les » employés des impositions indirectes suivront, dans l'intérêt des communes , comme dans celui du trésor , les exercices dans l'intérieur du lieu » sujet, chez les entrepositaires des boissons, et chez les brasseurs et distillateurs. Il sera tenu compte par l'octroi, à la régie des impositions indirectes , de partie des dépenses occasionnées pour cet exercice. » Et à ce sujet on peut consulter avec fruit l'annotation de MM. Saillet et Olibo sur cet article, page 327.

Le règlement devrait, ce me semble, se borner à fixer les formalités à remplir par les entrepositaires d'objets soumis à l'octroi, les boissons étant régies par une loi spéciale commune en ce point aux droits d'octroi ; c'est dans ce sens que les articles 66 et 67 du règlement devraient être modifiés.

Le paragraphe que M. le préposé en chef voudrait faire ajouter à l'art. 66 ne peut être admis ; ce n'est pas au contribuable à peser et mesurer la marchandise soumise, il doit seulement faciliter cette opération qui, dans aucun cas, ne peut lui être onéreuse ni à sa charge, s'il n'en conteste pas l'exactitude, et encore, dans ce cas, c'est la partie qui succombe qui doit supporter les frais. (*Art.* 146 *de la loi du* 28 *avril* 1816.) On peut consulter encore à cet égard MM. Saillet et Olibo, pag. 279.

L'art. 68 me paraît immoral et ouvrir une large porte à la fraude. Quoi ! on permettrait à un entrepositaire de faire dans son chai de la *buvante* pour la consommation des navires en rade, et qui assurera que les entrepositaires ne profiteront pas de cette facilité pour frauder les vins qu'ils livreront à la consommation ? Laissez, laissez aux capitaines ou armateurs le soin de mouiller les vins qu'ils destinent à la consommation de leurs équipages, mais ne permettez pas, ne tolérez pas que cette opération soit faite dans les entrepôts.

L'art. 69 doit être supprimé ou tout au moins modifié par les motifs indiqués sur les art. 64, 66 et 67.

Les art. 71 et 72 sont sans objet, d'après les observations sur les art. 64, 66 et 67.

La prohibition portée par l'art. 73 qui défend de placer des vinaigres dans les magasins où seront entreposés les vins, n'a ni but, ni portée. Les vinaigres étant soumis aux mêmes droits que les vins, ce serait causer des frais inutiles à l'entrepositaire ; cette mesure n'aurait d'intérêt que pour les contributions indirectes, qui affranchissent de droit les vinaigriers.

L'art. 80 oblige les entrepositaires qui voudront faire des mutations d'entrepôt à entrepôt, sous peine de payer les droits, de faire viser les permis à l'entrée et à la sortie des magasins. La mesure, je l'approuve dans l'intérêt de la perception; la pénalité, je la repousse, et voilà mes raisons : Pour obtenir le permis de mutation il faut déclarer l'heure où les boissons seront enlevées, c'est dès-lors aux employés à se rendre au magasin où doit se faire l'enlèvement et accompagner les boissons à leur destination ; et si la formalité du visa n'a pas été remplie, c'est que les employés ne l'auront pas voulu ou que les boissons auront été enlevées avant l'heure fixée par l'expédition.

Sur l'art. 81, la rédaction de M. le préposé en chef est préférable à celle du projet, et ses observations sur les art. 82 et 84 doivent être annulées.

L'art. 86, qui constitue en contravention le manquant qui excèdera 20 p. 100 de la déduction acquise au moment d'un recensement, doit être rejeté comme illégal.

Il est de principe en matière de contributions indirectes, et ce principe est élémentaire, que les manquants dont l'entrepositaire ne peut justifier ne peuvent donner lieu à la saisie ni à l'application d'aucune peine, mais seulement à l'ouverture et au paiement des droits dus.

(Art. 7, loi du 20 juillet 1837 ; arrêt de rejet de la cour de cassation du 28 mars 1818 , rapporté au *Mémorial* , vol. 8, p. 252. — Décision du conseil d'administration de la régie du 21 juin 1821 , *Mémorial* , vol. 10 , p. 468 , 395 , 435.)

M. le préposé en chef n'est pas heureux dans ses citations ; les arrêts annotés à la page 227 du 2ᵉ volume de Dareste n'ont aucun rapport aux manquants dans les entrepôts : le premier, sous la date du 9 mai 1835 , concerne la saisie d'une barrique de vin en cours de transport , sortie d'un entrepôt sans expédition. On trouvera cet arrêt au tome 1ᵉʳ de Dareste , p. 284.

Le second , sous la date du 19 août 1836 , rapporté aux Annales de 1836-37, p. 490, concerne la saisie de 22 sacs contenant 11 hectolitres de charbon de terre , sortant , sans expédition , d'une brasserie qui jouissait , pour ce combustible , de l'entrepôt.

« *Un règlement d'octroi ne peut pas créer d'amende là où la loi n'en pro-* » *nonce pas.* »

C'est M. le préposé en chef qui le dit , en commençant ses observations sur l'art. 86. Cet article sera donc rejeté.

BORDEAUX , imprimerie de LAVIGNE, allées de Tourny , 7.

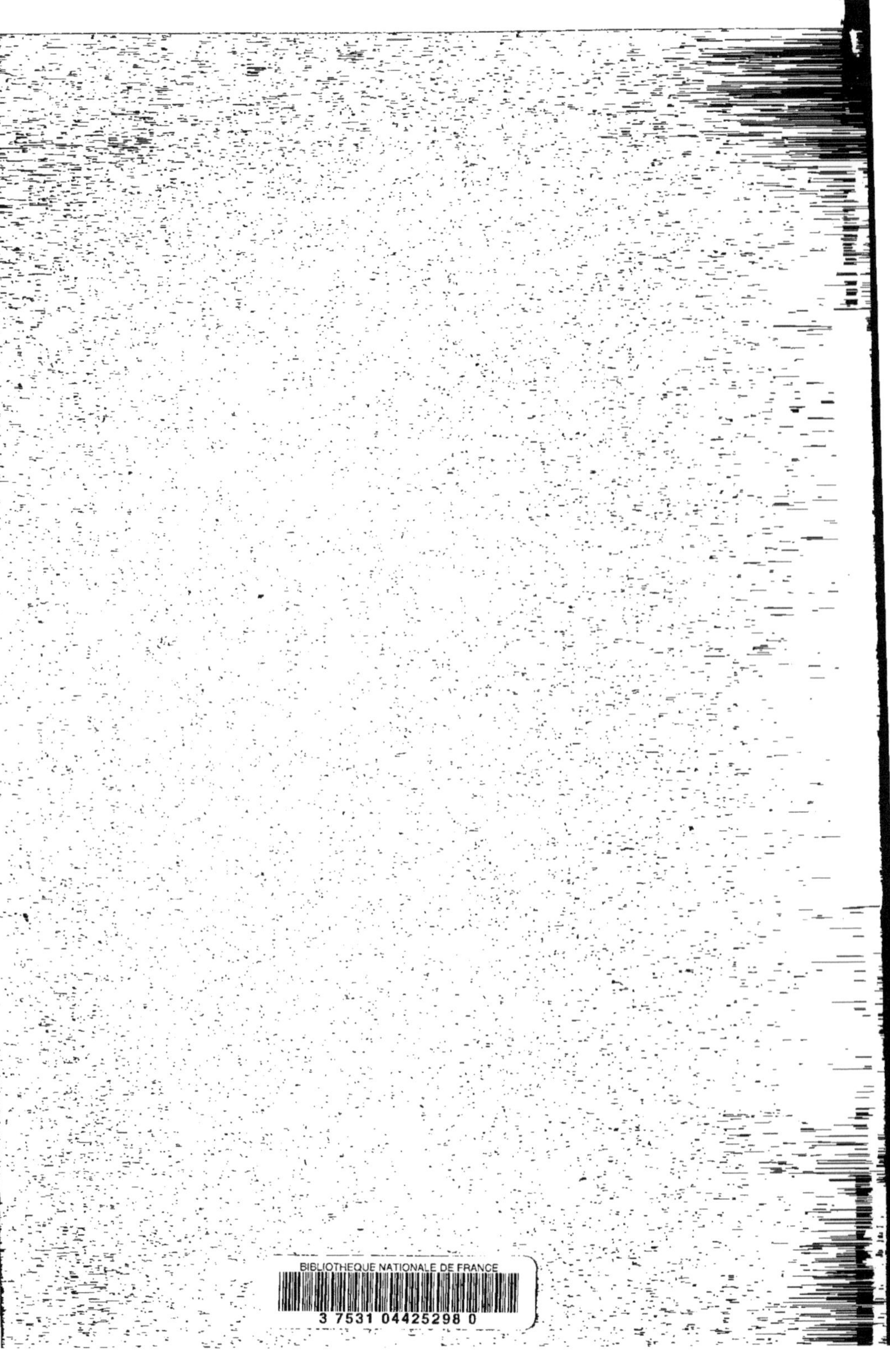
BIBLIOTHEQUE NATIONALE DE FRANCE

3 7531 04425298 0

www.ingramcontent.com/pod-product-compliance
Ingram Content Group UK Ltd.
Pitfield, Milton Keynes, MK11 3LW, UK
UKHW020121100726
13658UKWH00005B/2310